金子富夫：2018年の日本は記録的な猛暑や西日本の豪雨、大阪府北部地震、台風21号、北海道胆振東部地震による北海道全域の停電などがあり、未曾有の年だったね。

浦底里沙：はい、本当に大変な年でした。被害にあわれた方々には心よりお見舞い申し上げます。

金子：いつで[illegible]でもある時代になってしまっ[illegible]に備えておかねばならないわ[illegible]時には即対処することです。

ところで、[illegible]ス日本の「水の天使」だって[illegible]な活動をしているのですか？

浦底：日本の上下水道の「水の広報官」として活動をしています。自然の恵みにもたらされる水循環と、豊かな水を守る人々に触れて、培った知識と体験を広く伝えています。

金子：素晴らしいですね。「たとえ火の中、水の中」、火と水は切っても切れない仲。火と水はときには人の命を奪ってしまいますが、使い方次第で人の命を救うものです。今日は防災フェアに参加してくださりありがとうございました。どのような感想を持ちましたか？　印象に残ったところを教えてください。

浦底：今回、様々な体験を通して皆様の活動に触れる機会をいただきました。まず、津波の高さ体験では、人間は一瞬にして水に呑み込まれてしまうという恐怖を体験させていただき、水害の恐ろしさを痛感しました。

また、放水体験では、水圧が高くなればなる程、水の重さと圧を自分自身で支える力が必要になるのを感じました。女性消防隊員も多くいらっしゃいましたが、世界初の長射程大面積放水ノズルでは操作一つで、圧の強い水を簡単に放つことができ、日本の技術の素晴らしさに感動しました。

金子：そうですねぇ。津波に関しては海岸、河川側の生活はいつも危機意識を持つように伝えています。東日本大震災のとき、実は事前に中規模地震が起きていた。事前情報を無視したり、侮っていると津波ってのは被害が大きくなってしまうのです。

長射程大面積放水の「からくりノズル」は私たちが開発しました。浦底さんも一緒に放水していただきましたが、低反動タイプだから女性一人でも放水可能なのがポイントですね。いろいろ体験してくださりありがとう。

浦底：今回の防災フェアでは、「防災の3K」である【気づく、考える、行動する】が大切と習いました。一人ひとりが防災意識を持って過ごすことの大切さを、今回改めて考える機会となりました。

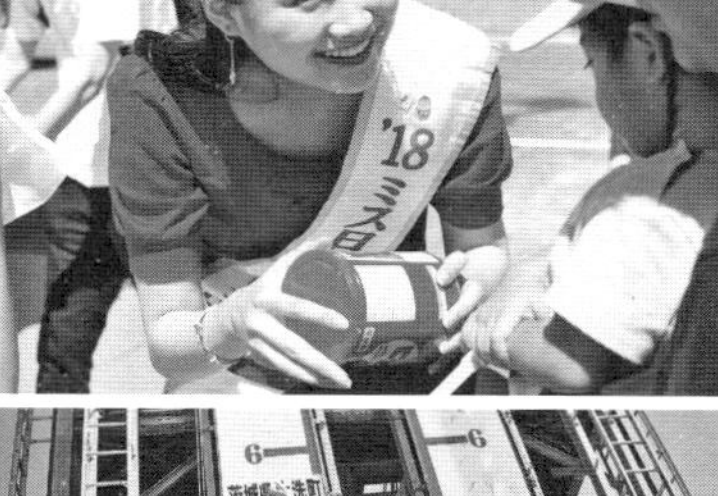

　また、自然災害に対する危機管理に関して、私たちはインフラや国任せになり過ぎている部分が多いのではないか？　ということを感じます。それは、私を含め多くの人の心に、何をせずとも、「守ってもらえる・守られている」といった無意識の安心感が存在しているのです。普段インフラが整った日本で暮らしていると、安全な暮らしが用意されていることが〝あたりまえ〟になってしまうことに不安を感じます。

金子：そうですね。日本は今、危機管理意識が非常に欠如している社会だと思います。防災は結局、一人ひとりの〝生活防災〟の意識が大事なのです。

浦底：私たち一人ひとりが、自然災害に対して意識を向けることが重要で、自分自身を守るための知識が、誰かの命を守ることにも繋がることを感じています。

　まずは自分自身から、そして日常的に今回教わったことや体験したことを身近な人たちに話していくことからはじめたいと思います。

今回の防災フェアで自然の恵み、命の尊さ、人と人、全ては繋がっていて、そのどれもがありがたい……そんなことを考える機会となりました。あと……万人の命を守り、助ける消防の仕事というのは大きな使命と覚悟を持っていらっしゃいます。消防の皆さんはやっぱりカッコよかったです。

金子：嬉しいねぇ。自分のことでなくても……。自分が助かったら、人を助けるおもいやりの精神を持っていきたいですね。私は下町育ちなので共助の精神が強くて子供の頃から日常防災が身についています。また、32年前までは東京消防庁の消防官でした。

今は消防官でなくとも、いつでもどこでも一人でも多くの人の命を救うために、災害現場での活動経験、災害現場での調査で積み上げてきた経験をお伝えしています。

その中でも今回は「やっちゃぁならねぇ防災対策1～19条」をまとめましたのでみんなで日常防災を考えていきたいですね。今回はありがとうございました。

浦底：どうもありがとうございました。

近代消防ブックレットNo.27

やっちゃあならねぇ防災対策1~19条〈目次〉

表紙原案・本文イラスト：渋谷 花織 ／ 構成：ウーマンプレス代表 高谷 治美

1条 3時間以内のQuick Rescue（クイックレスキュー）よ！

ぼやぼやしてねぇで、
トッサの判断
きかせなよ！

発生から3時間以内に生命の確保を!

「迅速な行動が命を救う!」が金子流の防災哲学。災害発生直後の救助活動こそ、多くの命を救うと信じている。これは元消防官として現場を知っているからいえることだ。特に、「3時間救助の実行と災害行動」を伝えたい。

「3時間救助」は発生から3時間以内を救助のボーダーラインに設定(目的)すること。地域力を結集して住民の命を救うための具体的な活動指標をつくることだ。その指標の効果により、救命率の向上が期待できる。これらを実際の行動へ結び付けていくために、初動時の新たな救助活動の提案として「時間」「情報」「行動」の連携を考えたい。

まず、地震が発生して3時間ぐらいまでが実は生命の確保にもっとも必要な時間。

具体的には「時間」「情報」「行動」の連携で近隣住民の命を救うのだ。それも地震発生から3時間こそ、地域の集結が人命救助に全力を注げる。

これは最近、地方の地震災害からもわかるように、多くの近隣住民が協力して大切な命を助けているのだ。地域住民が自発的、倫理的な意識から近隣の仲間を助けている。必要なことであり当然のことであると思うが、住民の救助活動が地震発生直後から発揮できるよう、救護活動プログラムもより明確にしたい。

それは、災害発生のときに「時間」「情報」「行動」の連携をすることだ。

次に、それぞれの持っている意味について解説を加えるので、初期活動に役立てよう。

3時間ごとの段階的救助を行う

「時間」とは地震発生の瞬間から3時間。さらに3時間ごとの時間経過に区切り、救助活動を展開していくように段階的な救助スパンをつくることだ。

たとえば最初の3時間を初期、次の6時間、9時間を中期、そして12、15、18時間を長期と位置づけて、それぞれの時間における情報収集活動の内容を設定しておき、密度の高いものにする。

初期の段階ではとにかく人命を救う以外に目的はないといってもいいだろう。中期では災害の大きさが少し見えてくる段階であるので、口頭などで「あそこの家族が生き埋めである」とか、「どこの建物が倒れている」とか、「橋が落ちている」とか、そろそろ情報が入ってくる時間帯である。

そして、半日を超えてくると悲惨な情報が溢れるばかりに、噂や事実として無数に耳に入ってくるものである。この過程はどこの被災地でもパターンは同様である。途方に暮れる人もいれば、助けを求める人、助けに行く人も出てくる。

「被害フォーマット」で情報を明確に！

「情報」とは、見てきた被害状況を口頭のみで伝えることに終始せず、予め被害状況をチェックできるように被害フォーマット「危機管理トリアージ・フォーマット」を作成しておくこと。それによって、被害の過程が具体的に示され、さらにはそれらを表記した担当者がその場で応急判定する。フォーマットについてはのちほど説明する。

応急判断ができる環境づくりは地域防災しかない！

「行動」とは、応急判断の伴う正確な状況を知ること。つまり、地域の防災組織の体制を自らがどのように編成して救援活動に対処していくのか、また判断できる環境をつくること。そして、その持っている地域組織力を限られた中でも必ず行動力で発揮していく。「時間」「情報」「行動」の連携を実行していくためには地域に情報収集を専門に担当する「危機管理情報メッセンジャー」の地域ごとの編成と「危機情報トリアージ・フォーマット」**（13ページ参照）**を活用することにより、その被害に適した必要な行動をとることができる。

新潟県糸魚川市大火（2016年（平成28年）12月22日㈭）
※私が現地で撮影したもの

「時間」「情報」「行動」の連携でスムーズに救助

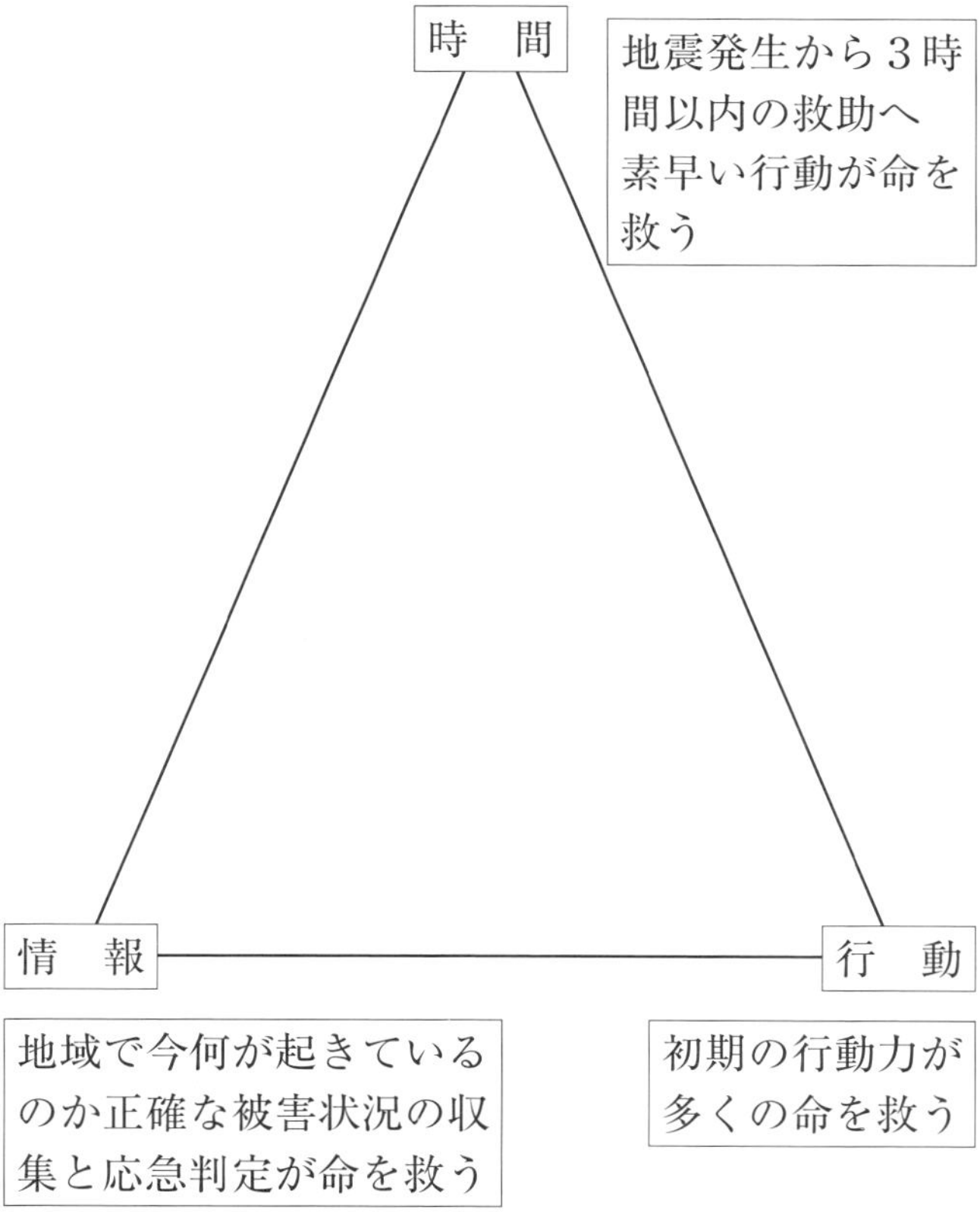
時　間
地震発生から3時間以内の救助へ素早い行動が命を救う
情　報
行　動
地域で今何が起きているのか正確な被害状況の収集と応急判定が命を救う
初期の行動力が多くの命を救う

「危機情報トリアージ・フォーマット」の活用を！

現在の消防・医療体制は、大規模救助救急事故が発生すると、消防、医療機関により救急トリアージが行われている。トリアージ・タッグを傷病者の右腕に付け、その傷病者の傷病程度を区分し、重症患者から救急処置を優先して行う方法である。私は、この方法を私たち地域住民が地震被害の情報収集のために普通に使えるように、応用できないものかと試行錯誤したのが**「危機情報トリアージ・フォーマット」**だ。

それは、救急処置のためではなく、いち早く被害を調べ、その情報収集したものを、応急に判定し地域で発生している被害を知ると同時に、その被害の規模を示し、早期の救援活動をすることで地域の人々の生命確保をすること。それが「危機情報トリアージ・フォーマット」の発想だ。今、発生している被害がどのようなものであるか、時分、場所、災害種別、人命危険、主な概要などの項目を丸印や記述で表記して、最後にフォーマット上部にある判定を応急に行い、直近の防災関係機関へその情報を提供伝達することが最終目標なのである。

地震被害（その他自然災害）「危機情報トリアージ・フォーマット」

No.

応急判定	火災	極大	大	中	小
	救助	極大	大	中	小
	救急	極大	大	中	小
情報提供先		町内会・消防団・消防署・（　　　）			

日　時	年　月　日（　）　時　分			
災害種別	火災（　棟　㎡）・救助・救急・危険物・ガス・電気・水道・下水・（　）			
被害概要				
場　所	市・区　丁目　番　号			
名　称				
構　造	木造・防火造・耐火造（SRC・RC）・鉄骨造		階数 ——	
建物種別	一般住宅・共同住宅・店舗・事務所・ホテル・公共施設・病院・高齢者施設・幼稚園・工場・ガソリンスタンド・倉庫（危険物）・学校・劇場・デパート・大型飲食店・大型スーパー・高層建物・地下街・駅ビル・（　）			
人命危険	有・無		人・多数・不明	
	死者	重傷者	中等傷者	軽傷者
	人	人	人	人
被害不安状況	大・中・小・平常・（　）			
特記事項			記入者	

（参考）

極大：赤色　大：黄色　中：緑色　小：白色

2条 九分九厘の町内衆が「近助」ってぇ助っ人で救出できたぜ！

自分だけじゃねぇ、隣近所を助けなよ！

早期活動が多くの命を救っている

信じられないかもしれないが、九分九厘が地域の人々の手によって多くの命が助けられている。私の消防現場活動の経験からも感じていたが、1995年（平成7年）1月17日㈫の兵庫県南部地震の報道映像を見て確信した。近所の人たちが必死に救助している姿があるではないか。

3時間を地域住民が力を合わせ、人命安全の確保に積極的に行動することによって、さらに多くの人命が確保されるものと思う。そのためには、地震発生と同時に素早く地域住民が地域住民のために全力で、力を合わせて行動することが救助の最善の方法だ。

日本火災学会「兵庫県南部地震における火災に関する調査報告書」によると、生き埋めや閉じ込められた際の救助活動は、近隣の協力が重要であることが数字に正直に表われている。

要救助者の94・9％は、地域住民の手による早期活動が、多くの人命を救うことになった。

自力で	34.9％
家族に	31.9
友人、隣人に	28.1
通行人に	2.6
救助隊に	1.7
その他	0.8

3条 災害は生き死にを分ける境があるんでぇ！

助かるなんざぁ甘めぇよ、
朝方寝てたら
危ねぇと思いねぇ！

起きているのか寝ているのかが生死の分かれ目

人間とは不思議なもので、警報が鳴り響いていたって「誤作動だろ、眠いなぁ」と異常時だと認識しない。または、「自分は大丈夫」などと思う人も多い。これを心理学用語で『正常性バイアス』という。多少の異常事態が起こってもそれを正常の範囲内としてとらえ、心を平静に保とうとする働きがある。この心理が危険なときもある。

1995年の兵庫県南部地震の発生時間は午前5時46分、まだ地域住民は布団の中で眠りについていた時間であった。大きな揺れが寝込みを襲い、多くの人が建物の下敷きとなり6、437人が命を落とした。大きな揺れで飛び起きた人もいただろうが、夢の中で地震を感じそのまま死に至った人、「自分は大丈夫」という人もいたと思う。

ここで少し考えてみたい。『寝ていること』と『寝ている場所』が生死の分かれ目になるということを。熟睡していれば間違いなく死に至る。寝ぼけ眼でも体の機敏な人は何とか逃げられるだろう。また、体の弱い人や機敏でない人は激しい揺れが来ると寝起きの素早い避難行動はできないだろう。起きているのか寝ているのかが生死の分かれ目になってしまうということを知っておいて、揺れが来たらすぐ対応を。

次に、日常生活で概ね5つぐらいの時間帯に分けて危険度合いを考えることができると思う。

0時から6時までの時間帯は寝込みを襲われる

兵庫県南部地震からわかるように、0時から6時までの時間帯は寝込みを襲われるので、建物に下敷きになり死に至る人が多くなることがわかる。一般的には安全な時間帯ではあるが、個人の部分では危険な時間帯ともいえる。注意すべき時間帯である。

6時から9時までの時間帯は大混乱

6時から9時くらいまでは、短時間の間に多くの人々が一斉に駅や乗り物へ。狭い範囲に集中するため揺れが来ると大混乱を生ずることになる。このことは過去の地震でもよくあり、ニュースなどでご覧のとおりである。予想を超える激しい揺れに襲われると、駅舎の倒壊、停電、脱線転覆などが発生し、多くの死傷者を出すことになってしまう。ほとんどの人たちがお互いに茫然とするばかりの、極めて厳しい状況下になってしまうことだろう。このことは２００５年（平成17年）４月25日㈪に発生したＪＲ福知山線脱線事故からもわかるように、傷者はうめき声を上げ、ただ救護を待たなければならない状況に陥ることになってしまうのだ。

9時から17時までは比較的安全

9時から17時までの時間帯では、この時間帯は比較的安全な時間帯であると考えている。

17時から20時までは帰宅危険時間

17時から20時までの時間帯では、朝の通勤時間帯と同様に危険時間帯ではあるが帰宅時間帯が20時以降、退社後は一般的には私的な時間。２時間程度の幅ができるので集中時間がかなり緩和されるものと思える。

20時から24時は無防備な時間ゆえ注意

20時から24時までの時間帯では、自宅で団欒、趣味、学習など自由な時間。就寝の早い人はすでに床に就いている時間でもある。起きているのか寝ているのかによって深夜の就寝時間帯と同様に、まだ起きている人は揺れに対して素早い行動ができて助かる確率は高いと考えられる。

自分が今いる場所の安全と危険をあらかじめ知っておく

次に、寝ている場所である。兵庫県南部地震では木造、防火造の1階で寝ていた人たちが数多く亡くなっている。下敷きとなり生きていても居場所を知られずに火災の延焼拡大によって焼死している。2階で寝ていた人たちは、家族構成から子供たちや若夫婦が日常生活の場にしていることが多いので助かっている。

家庭内でもわずかな違いが生死の分かれ目になるのだが、最も身近な場所でも大きな差があることがわかる。建築構造上、木造や防火造は1階の上部の柱部分が非常に揺れに弱いので悲劇を招くことになるのだが、知っておいて欲しい重要なことがらである。

危険の高い時間帯は個人は夜間。社会は昼夜間の通勤帰宅時間

1日24時間人間は生活している。前記の家庭内でも差異があるので、これが地域社会や都市社会の中で考えてみると、さらにその居場所で、時間帯で生死が大きく分かれてしまうことが見えてくる。高層階にいるのか、地下街にいるのか、密集地か一般住宅か、電車の中か、高速道路なのか……。常にイメージして自分の中でシミュレーションを。

自宅では揺れが収まったら火の始末とドアを開ける

自宅にいて、火を使用しているときは、揺れが収まってからあわてずに火元の確認を。出火したときは、落ち着いて消火をする。炎が天井付近に達する場合や、危険と感じる場合には速やかに避難する。

部屋のまわりにあるものから離れることだ。転倒しないように姿勢を低くしてクッションや雑誌などで頭を保護しよう。いつでも避難できるように、揺れが収まったら、部屋の窓や戸、玄関のドアを開けて避難ルートを保護することだ。

オフィスでは窓や大型機具類から離れること

オフィスではキャビネットが倒れたり、コピー機が思いもよらない方向に移動したりする。また、窓が割れてガラスが飛散することもあるので、エレベーターホールなど、モノが落ちてこない場所へ素早く逃げよう。

エレベーター内ではすべての階のボタンを押す

揺れを感じたら、行先階のボタンを全部押し、最初にとまった階で降りる。もし、閉じ込められてしまったら、インターフォンを押して連絡をすること。落ち着いて救助を待とう。

電車の中はつり革や手すりにつかまる

地震発生時、電車は緊急停車をするだろう。落下物に気を付けて、つり革や手すりにつかまり、転ばないように注意しよう。もし、停電になっても、バッテリーによって、車内灯が点灯する。あわてて外に飛び出したりせず、落ち着いて社内放送を聞くこと。

スーパーやコンビニでは陳列棚から離れる

重い瓶や缶詰めなどが飛んできたり、棚が倒れたり、ショーケースが破損したりするので、開けた場所や柱の近くへ移動すること。身動きが取れない場合は、買い物かごやカバンなどをかぶり、その場でしゃがみ、身の安全を確保する。

「居場所」は自分の一生を左右する

今、自分がどこに居るのかという「居場所」は地震発生のときに自分の一生を左右する。密集地では重なるように建物が倒壊して逃げ遅れて下敷きになってしまったり、逃げ道を失うことで逃げ惑う人々が混乱を生じ、多くの人命を失うことにもなってしまう。このことは関東地震が克明にその恐ろしさを伝えている。

兵庫県南部地震のとき地下鉄の暗渠《あんきょ》が崩れ落ちるという、いまだかつてありえない崩壊が発生してしまった。絶対に壊れないという土木構造物の地下神話が崩れ去った瞬間でもあった。

居場所よっては、その時人命に致命的な損害を与えてしまうことにもなる。自分がいま居る場所の安全と危険を予め知っておく必要があるのではないだろうか。そんなに難しいことではないので是非確かめておいてほしい。

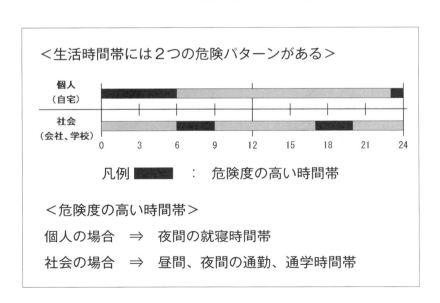

われわれの生活の中で最も危険な時間帯をグラフに示してみた。大地震にその時間を奪われると、人命も同時に奪われることを忘れてはならない。

＜生活時間帯には２つの危険パターンがある＞

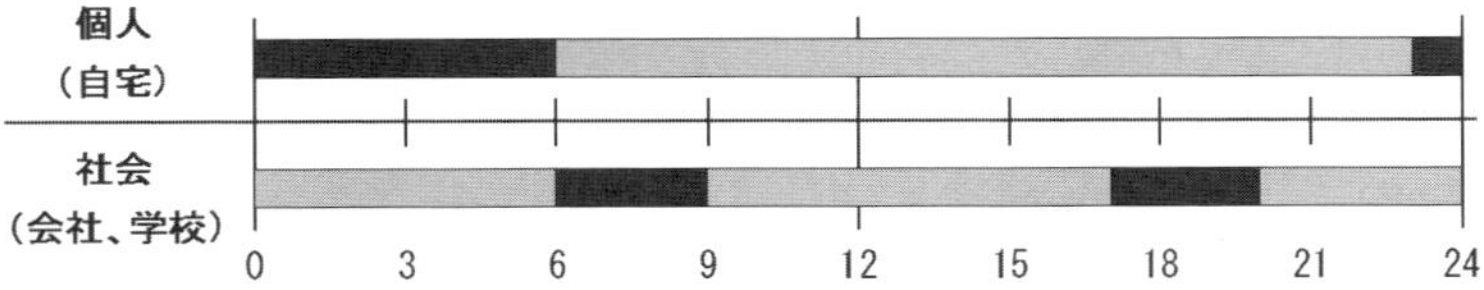

凡例 ■ ： 危険度の高い時間帯

＜危険度の高い時間帯＞

個人の場合 ⇒ 夜間の就寝時間帯

社会の場合 ⇒ 昼間、夜間の通勤、通学時間帯

4条 大地震は頭上が一番危ねぇ！

壁際を歩いちゃあいけねぇよ、頭にはなんかかぶりねぇ！

身近なクッション、衣類、バッグで頭を守る

大地震は頭上からやってくる！ と思って間違いない。日常生活の中に溶け込んで頭上にある電線（通電状態）、電柱、トランス、電話線、街路灯の落下による怖さである。世界中で日本ほど醜い空はないと毎日嘆いている。海外の先進国の都市の電線電柱は地中化されているというのに、日本の空には電線電柱が縦横無尽、都市上空は蜘蛛の巣のように張り巡らされている。余りにもの電柱景観の状況なので、「外国人はこの状況をどのように感じていますか?」と、正直な意見を聞いてみたいところだ。都市景観を壊し、危険をはらんでいる電線電柱は晴れた日でも必ず視界の中に入ってしまう。電線電柱の無い空を望むところだ。

ところで、地震発生のときは、大きな揺れは電柱が倒壊し折れ曲がり、電線のたわみ、切断し、トランスのずれや落下などが発生する。大きな揺れに襲われると人の動きは瞬間止まってしまう。その時頭上から地震がやって来るのである。生活習慣から上を見ることはないにしても、都市に暮らす者としてその危険を少しでも頭の中に入れておいて防御してほしい。ヘルメットや防災頭巾、帽子などが手元になければ、トッサにクッション、衣類、

バッグ、雑誌、フライパンなど手近にあるものでいいのだ。とにかく頭を覆ってほしい。

必ず手の甲を上に向けて動脈は守る

そして、頭を守る際は、ガラスなどの落下物で手首の動脈を切らないようにしたい。必ず手の甲を上に向け、頭に密着すると衝撃が直に伝わるので少し隙間を作っておくことをおすすめする。

また、電線電柱の倒壊、たわみ（通電危険）、断線は災害救援の緊急車両の行く手を拒み通行不能がさらなる人命危険や火災拡大を招くことになってしまう。１９２３年（大正12年）９月１日㈯の関東地震の被災映像を見ると、当時の電線電柱は数少なく危険な範囲ではなかった。今日の都市のクモの巣天井は危険極まりないものである。

２００４年（平成16年）10月23日㈯の新潟県中越地震発生のとき、東京を出て６時間後に被災地（旧堀之内町）へ着いた。はじめに目に飛び込んできたのは、まさに電柱電線の被害であった。道路上のほとんどの電柱電線は倒壊、垂れ下がりが発生しており通行不能箇所が数多く確認できた。危険な状態であることは間違いない。また、小千谷駅前ではトランスが今にも落下しそうにずれていた。トランスは100kg、200kgのものが頭上に数知れず設置されている。垂れ下がった電線は通電していたならばその危険はなおさら大きくなり二次災害の発生もある。

ガラスなどは飛散角度や飛散範囲があるので注意！

東京の頭上は中心部電線地中化の数％を除いて90％以上はまだまだクモの巣状態である。本当に恐ろしい環境だと思う。願わくば永年かかってもいいから世界の都市に追いつくよう、都市環境整備して電線の無い清々しい青空を見たいものだ。それは都民の大切な命の安全にもつながるからである。

様々な危険が街のなかに溢れ返っている。電線電柱被害と同様に歩道を歩き揺れにあうと、今示した物体や破片が静かに頭上に降ってくる。特にガラスなどは飛散角度や飛散範囲が物理的な数値として予め知ることができるので（83ページ参照）、街の建築士や区役所建築課などから安全知識として聞き、覚えておくことも必要なのだ。また、自分の足や目で街を歩いて危険なものがどこにあるかをよく知っておくことが何よりも大切だ。

5条 グラッときたら道がなくなっちまうよ！

通っちゃいけねぇ！
歩くなら
運動靴履きねぇよ！

運動靴がなかったら、衣類などを巻いて急場をしのぐ

東京には約274万棟の建物が建っている。東京23区は193万棟余、多摩地区は81万棟余である。地震被害の現場へ行くと、いつもの光景であるが大通り以外は建物が倒れ込んでほとんどの道が瓦礫の山で通ることはできない。また、倒れこみが少ないところはマンホールが突出していたり、地割れ、段差で通行ができないところが多くある。生活道路として今の今まで使っていた道路がわずか1分程度の揺れで魔法をかけられたように、その様相が変わってしまう。その時から生活道路としての機能を失い、さらには緊急車両も通れなくなるのである。

この状態で逃げ出さねばならないのだから、必ず安全確認をしてから。特に屋内や車内から外へ出るときは慎重に。いつでも身近に運動靴は置いておいてすぐ履けるようにしておくことは必須だ。身近にサンダル類しかなかったら、衣類などを巻いて急場をしのぐ。足を怪我したら身動きが取れなくなる。長距離を歩く場合、靴がなかったら無理をすると怪我などの二次被害になるので気を付けたい。

6条 春夏秋冬生き死ににぁ、差がでらあなぁ！

猛暑をバカにしちゃあならねぇ、「灼熱災害」は命を奪うんでぇい！

急速な温暖化異常気象は熱い凶器

通常の夏日は摂氏25度以上、真夏日は30度以上、猛暑日は35度以上とされているが、2018年は前例がない熱波に襲われ、35度以上が10日以上続く日が続出した。**「灼熱災害」**と定義してもいい。熱中症や、農業被害や細菌感染症も多発し、1週間で65人が死亡した。気象庁は記者会見で、「これまでにない猛暑を観測している、この高温を致命的な災害と認識している」と述べた。

外出時は必ず帽子にサングラスを身に着け、長袖を着て、水は携帯するなどは必須。太陽は人類に富を与えるが、急速な温暖化異常気象では人類にとっては熱い凶器となってしまうことを忘れてはならない。さて、特記すべき春夏秋冬の自然災害をピックアップするので覚えておきたい。

北海道南西沖地震は真夏、兵庫県南部地震は真冬、新潟県中越地震は初秋、関東地震は夏の終わりなど季節にともなう山間地、海辺など被災している季節環境がそれぞれに人命に厳しく影響してきた。

建物に生き埋め、野外避難で助けや救援を待つ人々はその発生した季節によって被災に大きな差がでてくる。春、秋の中間期は多少我慢してでも何とか過ごすことはできるが、暑さ寒さの時はそう簡単にはいかない。

日射病の人がいたら日陰であおむけにし、水で冷やす

これも私が被災地へ行って体験したことであるが、北海道南西沖地震のときはかなり暑かったので現地での行動は汗をかきながらの作業だった。建物に生き埋めになっている人たちのことを考えると辛いものがあった。日差しが強く気温も高く蒸し暑く、建物に閉じ込められている人たちは暑い1日を過ごしていたと思う。炎天下で熱射病になりかねない。水分も取れず乾きと息苦しさで辛いときでもあったと思う。このことは体験してみなければ分かるものではない。日射病の人がいたら日陰であおむけにさせ、体を水で冷し、冷たい塩分を飲ませてほしい。

北海道南西沖地震は1993年（平成5年）7月12日㈪夏真っ盛りに発生した。その日のうちに現地調査へ出かけ、奥尻港の町で三日三晩過ごしたが、水一杯飲まずに調査をして帰路についた。このとき体験したことは現地には自動販売機もあり清涼飲料水は小銭を

入れたらすぐに飲むことができた。しかし、僅かの水で過ごしている島民のことを考えると敢えて飲まないことにした。また、喉の渇きが続くと自販機にジュース類があっても飲む気がしなくなる。人は本当の渇きがくると水以外は飲みたくないという気持ちになる。水以外は体が受け付けない状態になることを体感した。貴重な経験をしたと思う。

寒い時期は暖を取ってしのぐしかない

関東地震のとき閉じ込められた人たちは早く水が飲みたかったのだろうと思い返した。のどの渇きは生きるものにとっては本当に辛く苦しいものだ。生き埋めとなり建物の下にいた人たちはさぞかし悔しい思いをしながら多くの人たちが苦しみ亡くなって逝ったことだと思う。

また、兵庫県南部地震は真冬に起き、厳しい寒さが被災者を襲った。発生した夜に大阪に着き調査を始めたが駅から出た途端寒いと感じた。一瞬、奥尻島を思い出し、こんどは真冬の中で被災者にはさぞかし寒い思いをしているのだろうと。

建物の下敷きなどで生き埋めとなり、火災の発生により多くの人が閉じ込められたまま

6、437人もの人が亡くなってしまった。寒さが被災者を襲い苦しめていたことだろう。発生が早朝のため被災者は着の身着のままで建物から避難したので衣類の持ち出しができない人が多かったようだ。建物内は大きな揺れにあうとどの部屋もごみの山のようになってしまう。大きな余震が立て続けに来るので崩れかけた建物の倒壊などがあり家の中へとても入れるものではない。残された衣類などは簡単に取りに帰ってはならない。

新聞紙は薪になるし防寒にも使える

崩れた建物や家具には上から力が掛かっているので荷物の取り出しは不可能であり、ましてや高齢者などにとっては無理な話である。

新潟県中越地震では、発生場所が山間部であったため斜面や田畑の各所で10人ぐらいの被災者が廃材を燃やして暖をとっていた。発生して6時間後の午前1時頃に現地に到着し、生々しい光景を見た。被災者に聞くと、まだ行政機関は来ていないとのことであった。しかし、この辺りは仏壇仏具の生産地なので木材には事欠かないところであるため、寒さをしのぐためにありったけの木材を燃やしていた。10月後半の深夜、山間部の気温は8度ぐらいであった。しかし、住民はびくともせず救援を待っている姿に農民の強さを見たような気がした。季節や地域環境により、被災者の生死や受傷に多く影響することを肝に銘じておきたい。特に、冬の災害への備えは、「雪」と「寒さ」といった他の季節にはない要素がある。新聞紙を数枚重ねて羽織、テープなどで止めると上着になり、靴下を履いた上に新聞紙を巻き、さらに靴下を履くと足元の冷え防止にも効く。ラップとともにお腹に巻けば「腹巻き」にも。覚えておきたい防寒対策だ。

閉じ込められてもあきらめてはいけない

新潟県中越地震では、発生して12時間後にもまだ行政や政府からの救助は届かなかった。それでもあきらめてはいけないのだ。

阪神・淡路大震災では、16万4、000人もの多くの人々が一度に閉じ込められたが、倒壊した建物の中などに閉じ込められても、その78％の人々が自力で脱出している。いいかえれば、建物が倒壊した場合でも、建物の中には安全な空間があり、助かる可能性が高いということである。したがって、閉じ込められた場合でも、絶対にあきらめないでほしい。希望を捨てないで自力で脱出する努力をしなくてはならない。

「脱出できないかもしれない」「もうダメだ、あきらめよう」などと悲観的な考えにならないで前向きに考え、意志を強く持ち、自力で脱出しようとする努力をしてほしいのだ。

新潟県中越地震（2004年（平成16年）10月23日㈯）
※岩と車のすき間から92時間ぶりに救出された皆川優太ちゃん（当時２歳）

Column

日本がいかに災害国であるか再認識をする

２０１８年は災害が多発した。年明け早々の1月23日㈫に草津白根山の水蒸気爆発で犠牲者が出たあとも、霧島山群では新燃岳と硫黄山が噴火し、8月15日㈬は口永良部島の噴火警戒レベルが４に引き上げられた。また、6月18日㈪は大阪府北部で最大震度6弱、9月6日㈬には北海道胆振東部で最大震度７の直下地震が発生した。さらに6月下旬から7月初めにかけて、西日本を中心に北海道や中部地方など全国的に広い範囲で豪雨となり、死者・行方不明者は２００人を超えた。そのような中、防災省設置が話題にもなった。

まず、地球上のわずか0・25％の面積に過ぎないこの国でいかに災害が多発しているか再認識してほしい。日本及びその周辺では世界に起こるマグニチュード６以上の地震の約1割が発生している。２０１１年の東日本大震災以降はさらに高い割合になる。日本は１１１の活火山があり、地球上の火山活動の約７％。日本は例年、インドネシア、インド、中国、米国などと共に自然災害発生国別ランキングの上位常連国である。

7条 ガソリンスタンド、化学薬品で爆発！危険がいっぺぇでぇ！

危ねぇところにゃあ近づいちゃぁならねぇよ！

自家用車がひしめき合い、移り火や感電に注意

危険物を積んでいる車両、危険物の貯蔵施設、工場、病院、大学に貯蔵されているRI（放射性同位元素）や化学薬品など、都内には都民の知らないところに数多くの危険物があることを認識してほしい。

また、日ごろ乗っている乗用車には常に数十リットルのガソリン燃料などが積載されている。ほとんどの家が自家用車を持っている時代なので大げさにいえば都内が「面」でガソリンの倉庫状態である。そのような状態で、もし東京で大地震が発生したならば恐ろしい状態になるだろう。絶対近づいてはいけない。そもそも、今の車は電気回路でできているので、都内が車でひしめきあっていればすぐ導火線のように移り火となる。また、豪雨のときにはタイヤの半分を越えている浸水なのに走ろうとする車両があるが、こちらも感電する恐れがある。

都内への車両通行量は関東周辺からの通過車両を含めると毎日数百万台が流出入している。毎日の光景であるが、交通事故、工事などによる渋滞はすぐに1～2㌔に渡ってしまう。以前に環状7号線を走行中に目撃したことであるが、信号機故障が発生した際に、警

察官の手信号では数キロの渋滞が起きていた。皮肉な話であるが機械制御による信号機のほうがスムーズであることが分かった。このように都内の交通実情はもはや人力による制御は不可能であり、機械的な流れが恒常化されている。地震発生は都内の信号機が全て停止して、身動き取れない状態になることは明らかである。既に東京は、東北地方太平洋沖地震で体験している。

１９８７年（昭和62年）12月17日㈭千葉県東方沖地震のとき、私は市内にいたが突然強い突き上げが数回あった後、大きな揺れに襲われた。車を降りて走り出すと全ての信号機が消えており、国道14号線を走る自動車はまるで秩序のない状態だったことが記憶に残っている。

非常時は路肩に止める、ガソリンは半分以上入れておく

車を運転している場合は、いったん路肩に止めたならば運転をしないでほしい。また、日ごろからガソリンは半分以上いれておくと、途中エンストなどしない。

都内は経済の需要から多くのタンクローリー車が往来している。たまに車両の転倒事故などでタンクローリー火災が発生しているが、以前も首都高速５号線で走行中に側壁に激

突して火災を起こし、高速道路に重大な損傷を与えた。延焼するガソリンの流出で地上の建物までが燃えてしまった。都市的損害は計り知れないものがあり、都市災害の縮図ともいえる顕著な車両火災であった。一般車両の火災実験では車を数珠繋ぎに並べて点火すると次から次へと延焼していくことが分かる。まるで導火線に火を付けたような延焼拡大の恐ろしい光景を見た。

海浜地区や河川周辺の危険物質貯蔵施設には近づかない

ともかくガソリンスタンド火災は隣接に建物が並んでおり、危険な状況になる。かつて都内でも給油中のタンクローリーから出火して周囲が火の海になったことがあった。大量の消火用泡剤が積雪のように現場を覆っており、近隣住民はかつて無い恐怖を味わったことを教訓に、絶対ガソリンスタンドにも近づいてはいけない。

また、危険物の大量貯蔵施設はその機能から海浜地区や河川周辺に多くある。船により大量輸送するため、水辺に施設が存在することになる。建設当時、周囲には何も建物が無かったのだろうがどこでも今は住宅が建ち並んでいる。工場というと、機械工場を思い浮かべるのが普通であるが、化学薬品やＲＩを貯蔵・製造所や検査場が意外に多い。そこには硫酸、硝酸、塩酸など数え上げればきりがないくらいの種類がある。また、工場には非破壊検査用のＲＩ、大学の工学系研究施設、大学病院、地域の病院にもレントゲン用のＲＩがある。火災が発生すると小型版の福島第一原発事故、チェルノブイリ原発火災となり近隣住民は知らずに被爆してしまう。その時だけで済むならよいが被爆の量によっては、放射線の影響を一生背負わなければならない。それも自分だけですむならよいが、子孫へ影響することもありうる。こちらも近づかないように。

さて、家庭内にも薬品やボンベ類が必ず置いてあるはずである。ライター、化粧品、殺虫剤、コンロのボンベ、調理用のプロパンボンベ、洗剤用の酸性系液体など。台所や化粧室にあるのを忘れてはいないか？　これらは揺れが来て建物が潰れた後にスパークなどの原因により火災が発生すればたちまち爆発的に延焼拡大する要因となってしまう。家庭内にも知らぬ間に小さな危険物が存在していることを認識して欲しい。なにかあったときのために、消火器はどこにあるのか、家族で避難の練習をしておくことをおすすめしたい。

都内は世界の各都市を比較して見ても格段に密集しているところだ。木造建物が未だ半数以上を有している状況下で、東京都民は世界で最も恐ろしい危険物倉庫群の中に生活していることを絶対に忘れないはならない。

Column

東京は歴史的災害の繰り返しだ！

これまでに東京都民は震度5強の地震までは経験しているが、震度6～7の地震は経験していない。今、日本政府や東京都が一番恐れていることは「東京湾北部地震」の発生である。164年前の1855年に隅田川河口直下で震度7クラスの「安政江戸地震」が発生している。概ね150年周期で東京を襲っている。その周期を既に超えているため発生が懸念されている。関東地震では10万5，000人、太平洋戦争では東京大空襲で一夜にして都民10万人が焼死してしまったのである。また、少し時代を遡ると江戸の三大大火、明暦の大火、明和の大火、文化の大火などで12万7，000人以上の死者を出している。その内、明暦の大火では江戸の殆とんどの建物が焼かれ、10万7，046人が焼死している。

兵庫県南部地震では死者6，000人を超え、東北地方太平洋沖地震では2万2，000人以上の死者・行方不明者がいるが、東京では過去の歴史的災害などで、10万人単位が亡くなっている。この数字は途轍もないものであり、その悲しみも計り知れない。

8条

「グラッときたらテーブルの下」はもう昔ばなしよ！

外へ出るか
2階建てなら
2階へ避難しなよ！

「ごみの山」から衣類や家具は取り出せない

建物は地震の揺れに遭うと木造であれば必ず木造躯体の見えない部分にダメージが多く発生する。特に高齢者や乳幼児、子どもへの十分な配慮が必要であり、このあたりを心得ていないと無駄に命を落とすことになってしまう。普段から心得ていることが大切である。学校教育の中では、「グラッときたら机の下へ」といわれてきたが、今は屋外へ出ることをすすめている。また、2階建ての家であれば2階に避難するのが一番安全なのだ。

また、大きな揺れを受けた建物内は家具、雑貨類、テレビ、本棚などが部屋の中心部に集まり「ごみの山」ができてしまう。このような場面は地震報道で良く見ることであるが、被災地でその現場を直接見ると手の施しようの無いものを感じる。「ごみの山」から衣類や家具を取り出すことは容易なことではない。全てが覆いかぶさっている状態なので取り出すにしても多くの人力と時間が必要となってくる。先にも述べたように余震の危険があるために家財や衣類の取り出しは救援を待って行動することが必要である。

9条 スーパー、コンビニには一瞬でからっぽでぇい！

人様のモノをあてにしちゃあならねぇ、12常備品必須でっせぇ！

人は危険を感じると一斉にスーパーに走る

私は1995年（平成7年）1月17日㈫兵庫県南部地震のとき救助に向かった。タクシーで大阪市内を2時間ほど走り、スーパーやコンビニの商品状況を何店舗か見て回ったが全ての店で食料品はなくなっていた。普段では考えられないことである。ほとんどの人々がコンビニで物を購入しに走ったのだろう。必要なものも不必要なものも……人は危険を感じると一斉に同じ行動に走ることがこのときわかった。ネガティブな評価はしたくないが、これが人間の欲の本質だと思えた。

災害発生のとき、まず問題となることは「非常食のあり方」である。非常食については私のライフワークにしていることから、これまでに検討、研究したものを紹介してみたい。実際に見てきた災害発生現場の食料事情と日常の食料確保、備蓄のあり方についても述べてみる。最も必要なものは「水」である。地震でなくても水道管破裂などの報道があると、住民が給水車の水をポリタンクなどに給水を受けている場面を見ることがある。ちょっとしたことでも住民生活は麻痺してしまうことが理解できるだろう。ドロ水でも飲める簡易浄水器は常備品である。

ほとんどの都区部では住民の2割程度分の備蓄

次に、食料事情である。国民全体にいえることであるが何か事があると行政機関が何とかしてくれると思い込んでいるのではないだろうか。東京に限ってはそうはいかない。1，375万人もの人が住んでいる現状から、災害発生のとき、都民の中には食料が口に入らずに亡くなっていく都民が発生すると思う。私の言葉で申し上げれば**「災害飢餓」**の発生である。かつてアメリカニューオーリンズを襲った「台風カトリーナ」の被害により数千人が亡くなり、そのさらに見えない裏側で多くの市民へ食料が届かなく、また発見に至らず多くの人々が亡くなっている事実が報道された。現在、東京は巨大化・密集化し過ぎて、人々がどこに居るのか知る由もない粗雑、疎遠の地域社会になってしまっている。東京が被災すると23区では食料を受け取ることができない人々が大量に発生して、災害による餓死者が相当数存在すると考えている。

東京23区の非常食の確保状況を調べてみると、区が備蓄している非常食が数区で不足していることが分かる。ほとんどの区では住民の2割程度分しか備蓄していない。それも避難住民1人当たり1日3食分を小学校、中学校の空き教室へ備蓄しているだけだ。

備蓄食は最低2週間分以上を用意しておく

避難している区民以外には非常食は届かない。区の備蓄量は1日分のみで、あとは東京都が全都民分を確保して都民に給食する計画である。国も計画では3億食分の確保があり万全のように聞こえてくる。しかし、日本の司令塔である東京が大きなダメージを受けることになれば、その役目を少なからず失うことになってしまうのではないかと大変危惧している。

家屋を失った被災者が仮に都内で400万人出たとしよう。1日1食にしても毎日400万食分を全国から調達することは不可能である。北海道から毎日50万食、九州から30万食、近畿から80万食調達できたとしても長くは続かない、自分たちの地域が食糧不足に陥ってしまう政治的な問題に発展してしまうことになるからだ。

世界的な食糧不足の中ではあるが、それでも食糧の調達は外国に依存しなければならなくなるだろう。非常食を扱う事業関係者からもそのような心配をした声を聞く。被災地東京を想像するとその恐ろしさは計り知れない。

東京都や23区の指導では、水確保を1人1日3リットル、食料共に3日分を備蓄するよう防災訓練などで指導されているが、果たしてわずか3日程度の備蓄でいいのだろうか、疑問が湧く。「2週間以上は備蓄の必要があるのではないだろうか」そう思えるのである。

今や日常の生活では米びつの存在、漬物の樽、野菜類の縁の下での保存など皆無となっている。日本人は食料の歴史的保存方法を忘れつつある。大げさかも知れないが、生き延びる術を失いかけているような気がしてならない。

非常食対策は在庫して、普段も使用する習慣を！

東京には約1万店舗ものスーパーやコンビニがある。今は在庫なしで流通のみの店舗経営をしているので、いざという時は間に合わないため、2018年（平成30年）6月18日㈪の大阪府北部地震の際の大阪の比ではない食料不足がスーパー、コンビニで起こることになる。このような状況下では「食料パニック」に陥ることが考えられる。

こうなってくると、なんといっても日常食の備蓄が一番近道である。市場に出ている非常食にはレベルの高いものが多くあるが、単価が高いことがネックだ。栄養を考慮したものや、高齢者、乳幼児などへの配慮したものが増えてきているが、これらは長い間の試行錯誤の繰り返しの結果なのだ。

するめいか、羊羹、あめは必需品

非常食は初期のものと比べると格段の差があり、より良い物がたくさん市場に出てきた。ぜひとも行政機関や高齢者施設などへすすめたい。

一方、一般家庭では日常の食材の在庫をしているだけではダメ。少し配慮することにより、その時家族の命を救う身近な非常食に変わるのだから、台所には必ず缶詰の十や二十は買い置きしておくことだ。また、即席ラーメン、真空パックもので半年、1年の賞味期限の食材はいくらでもある。日常の食生活の中で少しずつ買い置きを増やすことで役に立つのである。するめいかや羊羹、あめは常に持っていると便利だ。まあ、今どきはほとんどの家庭で冷蔵庫は置いてあるので、その機能はその時（地震発生のとき）まで使用可能なはずである。在庫して食事をする習慣をつければ非常食対策は何も際立ってやることはない。すぐにコンビニやスーパーに行くこともなく安全に避難行動できるものと思う。過密、複雑な東京に住むものとして、個人のできる最善の命を守る手段として心得ておいて欲しいところであり、また願うところである。このあとに、私が常に持ち歩く『常備品12必須品目』を紹介したい。

かばんの中にほしい『防災12常備品』

「これは！」という防災用品は、バックの中に入るもので十分役立つ。ほとんど１００円ショップで入手できるものばかり！

① 懐中電灯

夜間や地下、エレベーター内での視界確保に必須。手動充電タイプなら電池切れの心配もない。

② 笛

がれきや家の中に生き埋めになっても居場所を知らせることができる。危険が及んでいる人に注意喚起も。

③ **薄手の手袋**

避難する際、燃えているものや熱をもっているものに直接触れると火傷する。厚手の軍手では細かい手作業ができないので薄手を。

④ **ばんそうこう**

ちょっとした傷。出血止め、火傷の手当てに最適。

⑤ **ペットボトル飲料**

200cc程度の小さなタイプ。三、四口飲めば十分。またちょっとした初期消火にも役立つ。

⑥ **ろうそく**

照明、暖房、ちょっとした焼き物用に。ライターは喫煙者が所持しているので、持たなくてもよい。

⑦ **手鏡**

高い建物に閉じ込められても光を反射させて、居場所を知らせることができる。

⑧ **蘇生用マウスピース**

心肺停止した人への人工呼吸用。口の中に異物はないかを確認し、心臓マッサージと併用し息を吹き込む。400円程度のもので十分。

⑨　**ビニール袋**
頭からかぶって火災による煙、一酸化炭素中毒から目や口を守る。一時的に水をためることもできる。

⑩　**てぬぐい**
止血用。手ぬぐいはいかようにでも簡単に切れ、なんにでも使える万能布。

⑪　**ようかん**
非常食替わり。甘いもので疲れを吹き飛ばすことができる。

⑫　**スルメイカ**
栄養満点、満腹感が得られ、腐らない。スルメの渇き物は江戸時代からある「カロリーメイト」だ。

◆そのほかに役立つお助けグッズ

①　**初期消火**に役立つ、おもちゃの水鉄砲。

①

② 「玄米ご飯」（特許取得）／有限会社稲荷堂本舗

日本初の玄米ご飯の缶詰。白米に比べ、ビタミンが5倍、ミネラル4・8倍、食物繊維8・8倍といった非常時の栄養源に。すでに味付けがしてあり、常温ですぐに食べられる。

③ 「玄米五穀キヌアお粥」／徒根屋株式会社

日本のお米や五穀スーパーフードを伝統の長寿食「お粥」に。消化酵素の働きを考えたミネラル豊富なヘルシーフード。毎日のモーニングチャージⓇで美を備蓄。未来防災は美容、アスリート、断食回復食にもオススメ。

◆**キッチン防災**も忘れてはならない防災グッズ

帽子がない場合、鍋やフライパンは頭を守るために便利。

10条 トイレは人類の癒しでぇ！

便所の不便は
あたぼうよ！
てめぇで用意は
あたりめぇよ！

震災現場は糞尿が山盛り状態で処理不能

兵庫県南部地震（1995年（平成7年）1月17日㈫）のとき、発生の日を含め何度か現地へ行って驚いたことは被災地のトイレ事情であった。被災者が不自由な思いをする苦痛な事態であった。

全ての人が毎日行う行為であるため、役所、学校、公園などで何処も糞尿が山盛り状態で処理不能な状況であった。悪臭と醜い光景が今も脳裏に残っている。人は感情は抑えられても、生理現象が来ると抑えることは不可能である。また、人は窮地に陥ったり、追い込まれたりすると、途端に体が緊張状態となり尿意や便意、そして女性にいたっては突然体に変調をきたすことがある。トイレの数が限られているため尿意を催してしまえば我慢できなく、被災者はところ構わず使用不能のトイレでも使用してしまうのだ。秩序では分かっていても緊張状態が続くと我慢することはできない。

トイレというのは、用を済ませると実にホットした気分となり次の行動へ移せるものだ。日常生活で「癒しの場」であると思うがどうであろうか。生理現象をやせ我慢する者はいないはずである。

東京23区内には約948万人暮らしており、公共施設、公園の数にも限りがあるので被災のときにはとても追いつくものではない。東京都では路上のマンホールを利用して下水へ流すことを計画している。避難場所や医療施設などの施設周辺の下水道とマンホールが接続する地点など約2、000ヵ所で耐震補強工事をしているが早く具体的に対策を進めるべきだ。マンホール下が深いので安全対策と利便性を配慮したものでなくてはならない。それでも不足は多く発生するだろう。

公共地に穴を掘ってトイレに！家では風呂に水を貯めておく

しかし、難しい検討は要らないと思う、公園や広い空き地（公共用地）などを利用して深い穴を掘り込んで応急のトイレにすればよいことで、こんなことは大昔からやっていることで自然なことだろう。この方法が一番早く、コストも掛からず地域住民を受け入れることができるのでよい方法だと思う。また、簡易式のトイレもたくさん出ているので常備しておいて欲しい。

自宅では、常に風呂の中には水を溜めた状態にしておくことだ。1つの浴槽で大量の水をキープできるからだ。地震発生時の断水で水を流さないでいると不衛生な上に異臭が漂う。トイレ用水に役立つだけでなく、洗濯用や火災時の消火用にも利用できる。

簡易浄水器を使えば飲料水にもなるのである。

※エコトイレ

※簡易トイレ（左側）と段ボールベット

11条 高けぇ建物は煙とガスが急に上に昇るんでぇ！

部屋を出ねぇで、待っていな！

高齢者、幼児、障害者は階段の昇り降りは不可能

都内には高層建物が林立をしている。住宅、オフィス棟などさまざまにタワー化して建っている。今や100㍍級は当たり前でセキュリティの効いたものばかりである。土地の有効利用、コスト、景観、セキュリティなどからマンション、オフィスのタワー化が急増しているのだ。

高層建物で大きな揺れの後に来る恐ろしい出来事は、エレベーターが突然停止してしまうことである。まずは非常用ボタンを押す。その次から自分の足がエレベーター代わりとなるが、それも4階、5階ならば何とかなる。しかし、10階、20階、30階となったらそう簡単にはいかない。それでもまだ健常者は良いが、高齢者、幼児、障害者は階段の昇り降りは不可能である。

だいたい、階下で火の気が上がった場合、煙とガスが上に昇っていく。下手に下へいかないほうが身の安全だ。高層階での生活は即「死」に繋がることになりかねない。

人間工学的には3階までが安全な高さであるが、既にそのようなことは過去のものとなっている。安全な生活を営むためには、なるべく低い所で生活をしたほうが良いのだ。

本来、動物は相手の行動を見て日々を送っている。少し前までは地域には木造や防火造の2階建てが主流であった。2階の窓から庭先の隣人の生活や通行人の行動が手に取るように見ることができ、よく知ることができた。見える人の動きが自分を安心させている。マンション生活ではそのようなことはまったくない。建物が高いほど人の動きを知ることはなおさら難しくなるものだ。そのことが返って人の心を緊張、混乱させてしまうことになる。

苦痛の毎日を過ごすことになり、室内に物を忘れたからと言って簡単に引き返す訳にはいかなくなってしまう。便利ずくめの生活をしているが、被災者となったとき、地上での生活をうらやましく思うことになるだろう。

階下で火の気が上がった場合、煙とガスが上に昇っていく

火災の煙の速さ

1．上昇する速さ　　　　　　毎秒３～５ｍ

【比較】人が階段を上る速さ：毎秒0.5m

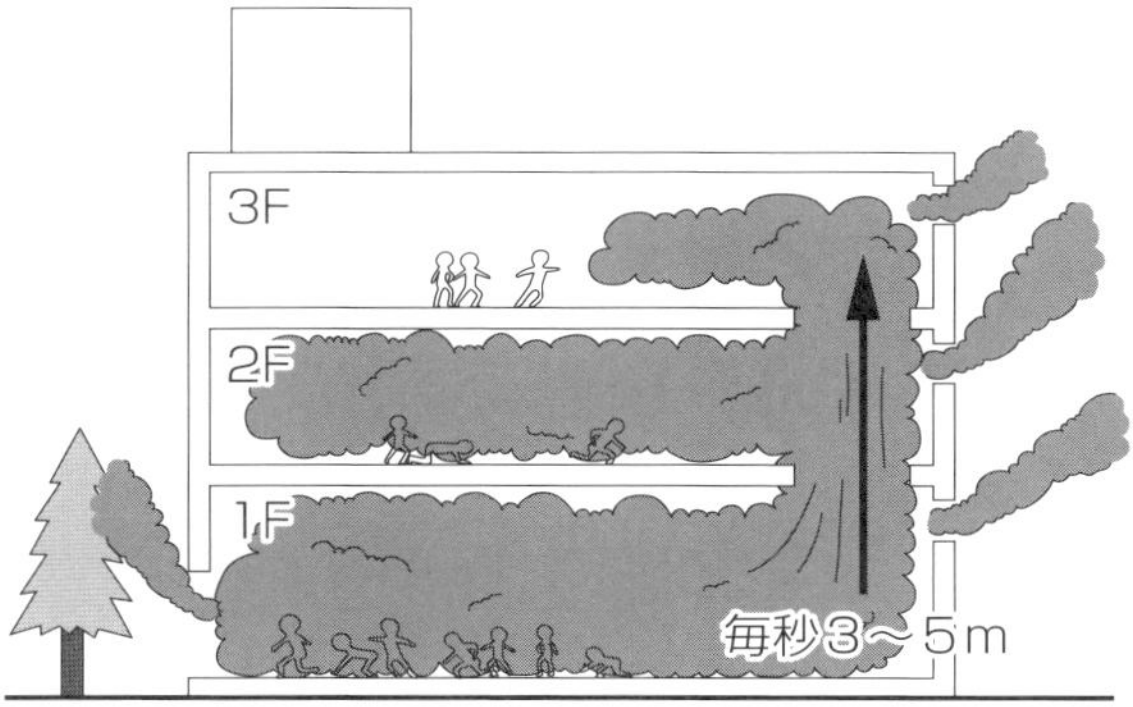

2．水平に進む速さ　　　　毎秒0.5～1.0m

【比較】人が歩く速さ：毎秒1.0～1.3m

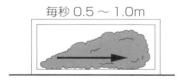

12条 町内会の職人は防災防犯の頼りの仕事人よ！

とび職人や
大工の棟梁《とうりょう》と
ケンカしちゃあ
ならねぇよ！

職人に道具やロープの使い方高所作業をたよろう！

縁は異なもの、味なものと申すが、世話好きな人というのが今も昔も町内におり……と、落語ではないが、職人さんは世話好きだし技術を持っているので仲良くしておいたほうがよい。これは冗談のように聞こえるだろうが、実際に下町には、鳶の頭、大工の棟梁、瓦屋、板金屋、ペンキ屋、左官屋、サッシュ屋、設備屋、土木重機屋など多くの職人職種が地域に住み、建築、土木の仕事に従事している。この職人さん達が「隠れた民間高度レスキュー隊」になるのだから。

兵庫県南部地震のとき、テレビの第一報の映像は隣近所の人たちが少ない鳶道具を探し出し、建物の下敷きになっている人を救助する姿だった。大変なことになっていると直感したと同時に、手元に資機材があれば多くの人を助けることができるだろうと再認識させられた。わかっているつもりではあるが現実を見るとその必要性を強く感じる。

職人の技術は消防のレスキュー隊にも匹敵する。現に私の実家も鳶職だったので、鳶道具、ロープの使い方、重機運転、高所の作業などかなりの技術を持っている。東京消防庁で消防活動のとき、私は指揮隊長から特別に命じられて活動したこともあったぐらいだ。

職人は長時間の体力持続、機転良く立ち回れる

建物解体で使用する大バール約1メートルの重い鉄棒があるが、これはなかなか素人には使いこなせないものである。しかし、たかが鉄の棒ではあるが、これも普段から使い慣れた職人技によって「命の鉄棒」に変わるのだ。住民の立場であっても、防災訓練などで十分習得する事が出来れば近所の人たちの多くの命を救うことができる。

参考までに鳶道具とは、大バール、ジャッキー、大ハンマー、発電機、ロープ、照明器具、のこぎり、仮説資材、トラック、ダンプトラック、重機（バックホー、レッカー、クレーン、ブルドーザー）などがある。職人の取得している資格は、クレーン、玉掛け、高所作業、ガス溶接など多種多様である。

また、国指定の職業訓練校で技術を習得するなど高度な作業ができる。長時間の体力持続、機転の利く立ち回り、服装も身軽な作業服、ヘルメット、安全靴、安全ベルト、ロープ、小道具など万全な作業姿勢が災害発生と同時に高度な技術を持つ「隠れた民間高度技術レスキュー隊」だ。隣近所にそんな職人集団がいてくれれば地域の安全度はより高くなる。だから日頃から職人とは仲良くしていたほうがよいのである。

※纏《まとい》は組の目印（シンボル）

※前列右から２人目がありし日の私の弟の金子誠二・
㈳江戸消防記念会第七区五番組頭

13条 トッサのときは江戸の暮らしに戻るのはあたりめぇよ！

自給自足！
避難生活
切り抜けなくちゃあ
ならねえよ！

日本の伝統食を備蓄に！　飽きることはない

兵庫県南部地震のとき、被災者の食についてNHK出版『震災下の「食」神戸からの提言』奥田和子氏の著書は仔細に震災のときの食のあり方について提言をしている。この中の食材や弁当についての問題と課題を考えてみた。

野菜の不足、油の使い過ぎなど体に影響を与える食材については、被災者の立場に立って考えなければならない。とかく被災地食は間に合わせのものが多く、揚げ物（ハンバーグ、天ぷら、ソーセージ）などが入る弁当を毎日のように配給しているのが実情である。

心身疲労が続く中だと食欲も進まないし、胃も働かない。そのようなときに無理して食べるのはよくないのだ。

さて、そうであればいったいどのようにすることで被災者が満足するのか、飽きることなく食することができるのかということである。

それは日本の伝統食を多く取り入れることだと思う。味噌漬け、糠漬け、乾物、梅干し、納豆、大根や白菜の塩漬け、さつま揚げ、餅、羊羹、煎餅、干し芋、鮭鱈の塩漬け、佃煮、日本そばなど数え上げればきりがないほど多くの食材がある。少し前まで日本人の3度の食事は、これらの食材を調理して食されてきた。伝統食は何度食べても飽きることはなく、少し味の濃い目のものが食欲をそそり日本人の食を支えてきた。

味噌漬け、糠漬け、梅干や塩鮭のお茶漬け、佃煮は常備しておくこと

災害のときはストレスも溜まり、食が進まないことが多くなる。精神的なダメージを受けている中で、食事はなかなか旨く食べられないものだ。

考え方を変えてみると、野菜が中心のおでん、シチュー、炒め物、冬の災害食には湯豆腐、野菜鍋、雑煮、焼き芋、夏の災害食には冷奴、きゅうりや昆布の酢の物など、また、味噌漬け、糠漬け、梅干や塩鮭のお茶漬けなど、さらには佃煮の種類も最近ではあらゆる食材を使い加工されているため調理を工夫することにより一段と食欲をそそるものとなる。これらの食材を米飯と味噌汁をおかずに合わせて食すれば普段とは変らないものとなる。

奇抜すぎるとか、無理と言われる方もいるかも知れないが、冷蔵庫や冷凍庫にその日（地震発生）まで保存しているのでそう難しい話でもない。簡単にできる料理が日本人の伝統食であり、容易に食べられることが本来の日本食のあり方である。

お酒は心と体を癒す百薬の長にして

災害のときに毎日の食生活を日本の伝統料理、食材を十分に使いこなすことで大切な癒やしになる。

もう一つ癒しの食料として加えるべきものは酒類（ワンカップ程度の日本酒、ビール、焼酎、ウィスキー）である。地震で避難している被災者、救援に駆付けている人たちの毎日の疲れを癒すものが酒類（ワンカップ程度の日本酒、ビール、焼酎、ウィスキー）である。被災地で「酒」なるものが食されることが、それは不謹慎であるとの意見もあるだろうが、日頃から「酒」は適度であれば心や体を十分に癒すもので正に百薬の長である。

外国でも軍隊などは戦地で癒しの食料の一部として飲酒を許容している。これは大切な行為として必要不可欠なものだ。被災地のささやかな癒しの食材ではないだろうか。

14条 人命救助は町内衆しかねぇんだよ！

地域の防災と防犯は一緒に考えなきゃならねぇよ！

避難所は防犯面への配慮で二次被害を防ぐ！

被災したら、非日常的な行動が被災生活を支えることとなる。そのとき、一瞬にして野山に放たれたと思って自然回帰するしかない。心得ておきたいことは、防災も、防犯もとにかくセットで対策をとるべきということ。避難所に見も知らない人たちがなだれ込んでくることに対しても防犯面への配慮も必要。町内会は地域防犯の最小単位であることを、役員の皆さんが深く認識し、極めてデリケートな課題として受け止めるように理解することである。地域の住民は全てが地域防犯の範囲にあることを認識してほしい。

大地震に襲われたならば「野山」に一瞬にして放たれたと思えばいい。大変なことではあるが、自然回帰して動物的な状態で生活しなければならない。

日常が非日常になることをイメージしておくこと

あえて、ここでは日常が非日常になるとはどういうことか、8項目にして記しておく。

① 食糧は当面、備蓄された非常食の配給になる。
② 避難所では酒やタバコ、つまみなど嗜好品は支給されない。
③ 水は行政機関から毎日給水ということとなる。
④ 通信手段は徒歩か自転車、バイクなどになる。
⑤ 運搬はリヤカーか自転車、バイクなどになる。
⑥ エレベーターやエスカレーターは使用不可。徒歩での昇り降りとなる。
⑦ 照明は燃焼（樹木、廃材）、懐中電灯、ローソク、コールマンガス灯のみに。
⑧ 暖房は燃焼（樹木、廃材）、カイロ、厚着（コート、ガウン、綿入れ、重ね着）、防寒着、新聞紙、雑誌、ダンボールなどになる。

このように突然に非日常的生活を強いられる。全く日常では考えられない状況下になってしまう。しかし、自然に近い生活環境となってしまうため、初めはかなり戸惑うものと思われるが、被災者全員が同じ行動をとることにより、被災状況下であっても急速に馴染んでくるだろう。だからこそ、いつでも住んでいる街では、住民と挨拶を交わして、地域の人と顔見知りになることも災害の時の助け合いにつながる。

危機感を共有すると皆同じ方に向かう

何か起こると、人は今何が起こっているのか知りたくなるものだ。それが情報であり、知ることによって自身がどのように行動すべきかにつながっていく。地域では、日常多くの必要、不必要な情報や噂が飛び込んでくる。自身に振り掛かるものについては、必ず心に刻み込まれるものだ。そうしたことで身の安全や他人への配慮が生まれてくるし、それが健全な地域社会を作っていく。迅速で正確な情報を入取することは、被災住民に対して当然のことであり、そのことが人命の安全確保となる。

人は目前に見えている事態には意外に無防備なのかも知れない。例えば、交通事故を起こした瞬間や無差別殺人の瞬間を目撃した周囲の人たちは何をしてよいのか、ある時間判断ができなくなる。そして、目前の危機や危険から即座に離れたいというのが人間の心理状況だ。

本来ならば、無差別殺人がいたら、その犯人を取り押さえなければならないのに、全ての人が逃避の行動をとってしまう。犯人はたったひとりであることもわかっているのに、このような行動に出てしまうものだ。

生活の中で危機意識をもっていること

逃げる群集の中には、腕っ節の強い者もいたことだろうし、柔道や空手をやっていた者もいただろう。何故逃げるのかである。

たぶん自身の意思に反して、体が本能的に周囲のひとたちと群れなすように動物的本能が出てしまうのではないだろうか。危機的状況は崇高な脳を持っている人間にも係わらず幼稚な行動になってしまうようだ。

危険が見えている心理を、多くの人たちが共有しているので同じ方向へ心が動くのだと思う。

久しく日本人は、危機（戦争など）に関して集団で外敵から危害を及ぼされるようなことがなかった。だから、経験の有無に関係なく、単純な行動に出てしまうのだろう。

Column

最近の防災用語はわからねぇ

マスコミが当たり前に使っているけれど、一般市民にはわからない。防災用語は一瞬で一般市民がわからなければ意味がない。命を守る第一歩の表現なのに。学者やマスコミだけが理解している用語、議会や行政機関だけが理解している用語も多い。

・ブラックアウト…大停電
・ローリングストック…食べて備蓄していくこと
・シャイクアウト…一斉防災行動訓練
・避難勧告…速やかに立退き避難すること
・避難指示（緊急）…緊急に避難すること
・避難準備・高齢者等避難開始…自発的避難すること
・生命維持の72時間の壁…災害発生から72時間（3日間）を超えると脱水症状により生存率が極端に下がること
・メルトダウン…炉心溶融。原子炉中の燃料集合体が核燃料の過熱により融解すること
・防災食、非常食、災害食、備蓄食

15条 ガラスと火の粉の雨にゃあ傘は役立たねぇ！

カバン、ナベ持っているもので防ぐしかねぇ！

「防災頭巾」を熱避け、火の粉避け、落下物避けに

2005年（平成17年）3月20日(日)の福岡県西方沖地震で市内のビルが、地震の揺れによりガラスの破片が雨のように通行人の頭上に降ってきたことを覚えているだろうか。まだ記憶に新しいと思うが地震被害で予想されていた恐ろしい光景を見た。地震のときの教訓として具体的な実例である。

関東地震は火災による「火の粉」の恐怖が記録に残っている。また、戦時中も建物の延焼で多くの人が髪の毛を焼かれている。

小学校などでは「防災頭巾」を熱避け、火の粉避け、落下物避け用に児童に持たせ地震のとき被らせるように指導している。これは本当に必要であり、大切なことである。私も火災現場で消防活動しているとき、何度も経験してきているが、まともに火に炙られると顔は一度火傷を超える火傷を負う。気が付いてみると顔が真っ赤になっていてヒリヒリした思いを今でも覚えている。

また、石油連盟がガソリンタンク火災を想定して、火災実験を東富士演習場で行ったことがある。

実験に参加していたが燃えているタンクから２００メートルぐらい離れていても顔に熱さを感じる。初めて経験したことであったが怖いものを実感した。燃えが少し収まった状態なので近づいてみたが、延焼している周囲では小さな雷が発生してバリバリと音をたてていた。風向きと反対方向に位置していたが、もしも急に風向きが１８０度変わったならば、私は火の中に巻き込まれていたかもしれなかった。実験的には良い経験をしたと思うが、考えてみれば無謀な行為であった。危険とは紙一重を体験した。35年以上も前のことであるが、いまだにその恐ろしさを体が覚えている。同時に怖さの体験は忘れることなく心に残るものだ。

外の火災は持っているカバンなどで頭を防護

災害のときに、地域が面で燃えているとき想像を超える大量の「火の粉」が頭上に降り注いでくる。髪の毛は油化が多くあり一瞬で燃えてしまう。テレビの衝撃映像で子供がケーキなどのローソクの火に触れて、髪の毛が急激に燃え上がるシーンを見ることがあるが、その子供の怪我を視聴者は心配することだろう。また、本当に恐ろしさを感じると思う。

この怖さが地震発生による火災で現実のものとなる。逃げ惑う避難者に容赦なく火の粉が降り注ぐ、防災頭巾を被っていなければすぐさま丸坊主になって火傷してしまう。こんな事実が起こることを地域の防災訓練をしている人たちが認識をしているのだろうか、また行政機関はそんな指導を積極的に行っているのだろうか非常に心配なところである。一番心配なのは、要援護者である子供や高齢者、障害者などである。災害のとき、弱い立場の人たちが多く犠牲になっている。最近の地震災害でも特に高齢者がひときわ犠牲になっている。倒れた家や建ってはいるが、全損状態で住むことができない家の住人は必ずといっていいほど高齢者である。

最初に少し触れたが、最も怖いことは路上へのガラス落下飛散である。ガラスの落下飛散距離は、建物の高さの1・5倍の距離で歩道などに飛散するという研究結果がある。

都心をはじめ、都内は面で高層建物が建っている。ひとたび大きな揺れがそれらを襲うと、途端にビルのガラスは凶器化してしまう。人は普段上を見ながら行動しない。揺れに隙を突かれて立ち止まったりすると落ちて来る「ガラスの餌食」となってしまう。重症でも済めばよいが、間違いなく死に至る。こんなときとっさに持っているカバンや紙袋などで頭を防護すれば助かるかも知れない。しかしプロのスタントマンでもない限り瞬間的な行動は普通の人には取れるものではない。ガラスが落下するには物理的に自由落下が働き、飛散範囲が高さによって決まってしまう。歩いていてもこの範囲に入っていなければ辛うじて避けられることもできるが、歩道のビル側は店や宣伝広告があり、通行人はそれらを見ながら歩いてしまうものである。

※福岡県西方沖地震（2005年（平成17年）３月20日(日)）福岡市内のビルの割れたガラス窓

Column

都民は長い間外力が働いた怖さを共有していない！

東京都には1，375万人が暮らしているが，内23区には948万人が住み暮らしているのである。よく言われているが江戸は昔から百万都市と言われてきた。関東平野は徳川家康が首都として見極めただけあって住み易い大平野，河川があり，また食材が豊富に獲れるところでもある。

都民は長い間外力（地震，戦争，同時多発テロなど）を経験してなく，長い間怖さを共有していない。その発生が都民の生き方をどのように変えてしまうのか，全く分からないが，地域社会が一致協力して生き抜いていくしかない。

私が今まで地震災害の被災地へ行って見たもの，聞いたものを体験しことによりにそれぞれ書き記してみた。「危機情報メッセンジャー」が地域の**「危機情報トリアージ・フォーマット」**制作を行うために，担当者がわざわざ被災現場に出向いて体験することは，時間もかかり，また，そのたびたび災害があるものではない。この記述は擬似体験をしていただきたいために示したのである。現地での体験を基にして，新たに考えたことや提案，工夫などを書き込んだものである。読んでいただければすぐにでもメッセンジャーの役割の理解と情報トリアージを容易に実行できるものと期待して，是非活用していただきたい（**13ページ参照**）。

16条 東京23区はたき火もできねぇはげ山状態でよ！

もとに戻るにゃ数日だなんてとんでもねぇ！2〜3カ月はかかるぜ！

東京は燃やすための材料は全くない

新潟県中越地震、兵庫県南部地震が発生したとき、地域住民の野外での寒さ対策は焚き火だった。

新潟県中越地震のときは前述したように、いくらでも周囲に燃やすものが溢れていた。神戸市でも町並みが古いせいか市内には燃やす材料が多くあった。このことはテレビ映像からもよく見る光景であった。燃え盛るドラム缶を多くの地域住民が囲んで暖をとっていた。街なかには公園や家の周囲にまだまだ燃やす材料があったために地域住民は寒さを凌げたのだと思う。

東京は都心部をはじめ公立公園や河川敷などには燃やすための材料は全くない。その分、街の美観は美しいことにはなるが、いざという時にはその美しさが裏目に出てしまうものだ。

公園や学校などに廃材用の木材を安全に備蓄する！

防災訓練の実施は公園などが多いが樹木は余り植え込んでいないところがほとんどである。モラルの悪化で、突然樹木に放火されてりして近隣へ延焼が懸念されることや害虫対策のために、所管する役所では余り樹木は植えず、枯れ葉の落ちるものも避けられている。しかし、確かにそのとおりかもしれないがいざと言う時に地域住民の暖がとれたり炊飯のための燃料になるように、小屋などを園内に作り備蓄しておくことも必要ではないだろうか。あるいは、食糧備蓄している学校や出張所などに廃材用の木材を安全な方法で備蓄しておくことも必要ではないだろうか。行政機関は地域住民にたいして真剣に検討しなければならない重要な事項だと思う。環境などの問題、課題があるが、そんな時きれいごと言っていられない状況に都民は追い込まれるはずだ。

東京23区の下町地区、都心地区はいずれを問わず樹木のない「はげ山」状態である。都民は寒さの中で本当に耐えられるものか、調理用の燃料がなくてすむものか、もう一度生活の原点に戻って考え直してはどうだろうか。

Column

日本はなぜ、災害が多いのか？

フィリピン海プレートと太平洋プレートの2つのプレートが日本列島下に沈み込む。これらのプレートの特性と相互作用によって日本列島には大きなゆがみが蓄積して地震が多発する。

北海道、東北、中部、関東、伊豆諸島、九州地方にはプレートが高速で沈みこむのでマグマの生成が活発だからだ。

また、日本列島はアジアモンスーン地帯に位置し、降水量も多い。人間活動に起因する可能性が極めて高い地球温暖化は豪雨、水害を多発かつ巨大化させるだろう。これからますます災害は多発し強大化していくだろう。

人口・機能の集中する地域を襲う首都直下地震、南海トラフ地震は今後30年に80％程度の確率で発生する。日本列島は未確認の活断層が多数存在し、これらは直下型地震を引き起こす。最悪の場合、この国を破滅まで追い込むだろう。

17条 ケータイ・スマホ・パソコンの不通があたりめぇよ！大問題でぇ！

電気が使えるなんざあ、甘めぇねぇ。車は「家庭の小さな発電所」よ！

通信パニックが反社会的行動へ進まぬよう注意

国民の携帯電話やパソコンの所有台数は、携帯が約1億7、000万台、家庭用パソコンが約6、000万台である。特に若年層は携帯を命綱のように扱っている。世間では携帯依存症といっているが携帯がないと生きて行けないような生活形態となっており、会話もそうであるがメールやSNSで友人や知り合いと絶えず連絡をとりあって自分たちの毎日を確認している。病的なほどの携帯依存症ではなかろうか。

文部科学省によるいじめに関する調査結果で、パソコンや携帯電話による「ネットいじめ」が過去最高の1万件以上に上った。とはいえ、今や携帯電話、パソコンは生きていくためにはなくてはならないものだ。このような過密過剰な情報の環境下で、もし、大きな揺れに襲われて、その瞬間から誰にも全く連絡がとれなくなってしまったら、彼らはいったいどのような精神状態になってしまうのか。

ツイッターやフェイスブックなどSNSによるデマ情報が最も怖い。たとえば、新宿駅や渋谷駅などで集団化して反社会的行動をとることも十分に考えられる。このような行動は無意識のうちに起こるものであるから、ストレスの溜まった若者が駅などに溢れて何時か誰かの扇動で爆発的に暴動が起こるかも知れない。

かつて学生運動華やかな頃、新宿駅などでは夕方になると学生が自然に集まり規制しようとする警官隊とよく衝突をしていた。その頃私も学生であったが通り掛かりにそのような光景を見た。今でも人の感情は同じだと思う。最近では渋谷地区でのハロウィン事件など。携帯、パソコンから閉ざされたノンコミュニケーション状態の同一の感情を持つ若者が行動を起こすかも知れない。新しい二次災害として、通信パニックが反社会的行動へ進むことが十分に考えられる。

通信不能時にEV車は発電機として使える

通信不能は、自宅、会社の固定電話も全く同様である。しかし、通信可能なものも存在している。固定無線（電源の確保が可能な蓄電、自家発電など）を使用できれば有効な手段となる。その他、車載無線、船舶無線などが加えて有効である。

また、EV車は発電機に有効だ。家の駐車場や自分の住むマンションの駐車場にEV車を停めているのなら、携帯電話の充電ができる。携帯電話を車のソケットにつなぐコードを用意しておこう。ただし、水に浸かってしまった車は危険なので注意。

あとは原始的な手段であるが、徒歩、自転車、バイク、による通信手段、大型拡声器で範囲が限定されるが広報伝達などがある。情報パニックを起こさないためにも、地域からできるだけ多くの情報や誰もが心落ち着く情報を流すことが必要となってくる。地域社会で十分に考え検討してほしい。

※ＥＶ車は家庭の小さな発電所

18条

大揺れは1分間、最初の縦揺れ15秒で見極めな！

自助努力でいくんでっせ！

本震が来たら15秒以内に外へ避難

地震の大揺れが来ると、一般的には何も出来ないような感覚に受け止められているが、自分の命がかかっているワケだから何がなんでも助からなければならない。

関東地震の地震計の記録から、縦揺れが15秒ぐらい続きその後に本震が来ている。15秒と言うと非常に短いように感じるかも知れないが試してみると分かる。

覚えておいて欲しいことは「かつて無い強い突き上げ」を感じたならばその行動を即座に起こしてほしい。そう申し上げるしかないが、とにかく一目散に外へ逃げ出して欲しい。本震が来てしまったならば間違いなく動くことはできない。大地震から助かるにはそれしかない。余りこのようなことをいう災害関係の研究者はいないと思うが、私は強く申し上げたい。地域の全ての人々が、何がなんでも助かってもらいたいからだ。防災指導では「揺れは1分」、収まるまで家のなかの安全な場所で待つように指導されていたが、平成時代の国内の地震被害（北海道南西沖地震、兵庫県南部地震、新潟県中越地震、能登半島地震、新潟県中越沖地震、東北地方太平洋沖地震、熊本地震、大阪府北部地震、北海道胆振東部地震）では建物の倒壊が多く見られることから揺れがきたならばすぐに外へ避難するよう指導され始めている。ともすると、地震動が建物の振動周期に合ってしまうと共振運動が起こり、振動を増幅させる。すると、建物の倒壊や破壊、極度な傾きなどが起こり人命危険を引き起こしてしまう。

枕元には普段着、帽子、運動靴を。開口部に家具は置かない

本震が来たときのためにも、事前の準備を必ずしておくこと。日常的に寝る前の枕元に普段着、帽子、スリッパ、手袋などで、できれば運動靴などを必ず置いておくよう心がけることだ。よく言われていることであるが、揺れが来ると家具のガラスが必ず落下散乱して、素足では歩けない状態となる。もし足裏でも切ってしまえば歩行が難しくなってしまう。避難時期を失えばすぐに命に係わってくることから、頭に入れておいてほしい事柄である。

また、子供や高齢者の居場所にも特段の注意を払ってあげることだ。大きな家具の横は避けることや、開口部近くに位置するように日常的に配慮することは、大事な家族を救うための大切なことなどで是非心がけてほしい。

※兵庫県南部地震（1995年（平成７年）１月17日㈫）

※熊本地震（2016年（平成28年）４月16日㈯）

19条 自分が助かったら隣近所を助けることだぁ！

なんてたってぇよ、
日常防災
やるしかねぇんだよ！

直下型の地震が来たら都内は最悪復旧不可能に

兵庫県南部地震ではライフラインの復旧に、上水道は90日、下水道は103日、電力は6日、ガスは83日、電話は15日かかった。この地震から概ねそれぞれ10日から3ヵ月程度を要することになる。また、東京都の被害想定では復旧日数は、上水道は31日、ガスに57日、電気は7日を想定している。

地震が仮に都心直下で発生すれば地下埋設物はことごとく破壊されてしまうだろう。都内は特に複雑にライフラインが入り組んでいるため、破壊されてしまえばそう簡単には復旧はしない。地下埋設物はその供給量から大口径の埋設管が大量に敷設されているからだ。

東京都内には約710万世帯の家庭が存在している。ライフラインは重要な生命線である。地方では範囲が限られていることから、神戸などでは前述のとおり極めて復旧が早かった。しかし、都内では復旧作業をするにしても業者そのものも被災しているため、果たして工事関係者が集まるかどうかが大きな問題となる。

個人個人の日常防災と自主防災組織の育成を

地方からの応援といっても都内の業者のように機械や作業員などが即座に集まるものではない。応急作業にかかるまでの時間は工事会社の調達、材料の調整、機材などで想像できないくらいの時間を要することが考えられる。加えて幹線道路下や入り組んだ路地下などさまざまに交錯していることから、より以上に復旧に要する工期が長くなってしまう。いくら想定しても復旧日数の算定は非常に難しいと考えている。東京都では1～2ヵ月で、いとも簡単に復旧できるかのように発表しているが多くの疑問を抱かざるを得ない。そのことを都民はどれほどの認識をしているだろうか。もしかして最悪は復旧不能の状態になるかも知れない。数ヵ月の被災生活を念頭において食糧備蓄、避難場所を考えておかなければならない。大げさな数字といわれるかも知れないが、東京23区では桁外れの被害が予測される。

明日は我が身、ではどうするのか？　もはや、「自分だけは大丈夫」という根拠のない正常性バイアスを捨てよう。災害と戦う長期戦略を練るしかない。行政や政府の災害対策に関する不備を指摘するのは簡単だが、そもそもその元凶は私たちの日常防災の不備にもある。

避難勧告・指示あれど場所はなし

避難所の問題もどうするか。平成30年7月西日本豪雨では、死者・行方不明者数が232人と大惨事となった。豪雨のピークとなった7月7日は、災害対策基本法に基づき21府県109市町村が避難指示を出した。避難勧告も20府県178市町村で出され、指示・勧告対象者は約863万人にのぼったが指示・勧告自体に強制力はなく自治体指定の避難所に来た人は対象者の0・5％未満にすぎない約42、000人であった。

しかし、本当に避難所に多くの人がきたらどうなってしまうのか？ 時と場合にもよるが、自宅避難をおすすめしたい。

だからこれほどまでに切羽詰まった状況にあって、これまで通りの取り組みであったならば状況が好転することはあり得ない。自然はただ歴史に忠実であるうえに、人間活動に起因する前代未聞の変化を遂げている。

政府のリーダーシップを整えて、地震、火山、気象の災害大国にふさわしい倫理観の模索と教育、長期視野に立った減災対策、災害時の適切な対応などを実行する組織が不可欠だ。国家には国民の安心と安全を確保する義務がある。

あとがき

近年の地震、火災、噴火、大型台風、豪雨、豪雪など、大規模自然災害にともなう人的、物的被害は甚大です。

本書では、私の東京消防庁職員時代の現場活動の体験や、大田区議時代等の主な日本国内で発生した自然災害、大規模火災などの災害応援や調査から、災害発生時の災害環境で、「やっちゃあならねぇ」ことを19項目にまとめ書き上げたものです。

災害には、ある程度予知できるもの、突発的に発生するものなどさまざまです。災害発生直後から直ちに救助活動を行う体制を作り出すことが重要であることを述べました。初期の段階では、地域住民による自主的協力の行動しかなく、素早い行動が多くの住民の命を救うことになるからです。災害発生に伴う、「即救助」を行うためには、災害環境を事前に知っておくことが重要と考えています。迫り来る災害の危機から逃れ、命を守るためにはどうしたらよいか？　読者の皆様に周知していただきたいとの強い思いで執筆しましたので、ご一読いただければ幸いです。

本書の出版の直前、正月1月3日㈭に熊本県和水町を襲った震度6弱の地震は、研究機関等から未知の断層が原因と言われています。私たちは、未知の断層による新たな地震にも備えていく必要性を常に念頭においておきたいと思います。

当たり前の光景が当たり前でなくなってしまうのが災害です。自然界の力には全く太刀打ちできないことも現実。しかしながら、地球的規模の異変があっても先人は歴史の中で乗り越えています。私たち人間の生命力もまた計り知れない生命力を持ちえていることも事実なのです。

私たちの持ちうる力と努力で生き延びる術を、今一度考えておく必要があるのではないでしょうか。命を守る到達点は「生きる・生き延びる」ということに尽きます。ですから、地域の協力や思いやりが最後の手段として存在しています。

ご一読いただいた読者の皆様には心から感謝申し上げ、忌憚のないご意見やご批判などいただければと願っています。

また、未曾有のあの東日本大震災発災時、東京消防庁消防総監として陣頭指揮をとられた新井雄治元消防総監に推薦のお言葉を賜りましたこと厚く御礼を申し上げます。

最後に、本書作製には一般社団法人ミス日本協会、イラストレーター渋谷花織氏、フリーランス編集者高谷治美氏、カメラマン山中順子氏、株式会社近代消防社社長三井栄志氏などのご支援を賜りました。本書完成に感謝しております。

２０１９年（平成31年）１月11日

防災アナリスト　**金子　富夫**

〔著者紹介〕

金子《かねこ》　富夫《とみお》

昭和25年７月24日　東京都大田区羽田出生
昭和44年３月31日　東京都立羽田工業高等学校機械科卒業
昭和48年３月31日　明星大学理工学部土木工学科卒業
昭和51年９月１日　東京消防庁入庁
蒲田消防署、本庁防災部水利課
昭和55年４月１日　本庁人事部人事課より派遣
東京大学工学部建築学科（岸谷　菅原研究室・建築防火材料）研修生
２年間
昭和57年４月１日　目黒消防署、本庁総務部施設課
昭和61年10月31日　東京消防庁退職
平成３年４月　統一地方選挙において大田区議会議員当選（自由民主党公認）
平成10年６月４日　防災アナリストとなる（全国の災害を調査・研究）テレビ、ラジオ出演
新聞、雑誌などでのコメント多数
平成15年４月　統一地方選挙において大田区議会議員当選（無所属）
測量士・防災士資格取得
現在は、一般社団法人防災安全協会理事
株式会社近代消防社顧問
株式会社ケーエスケー顧問
株式会社ＪＡＩ特別顧問
有限会社稲荷堂本舗事務長

近代消防ブックレットNo.27

やっちゃあならねぇ防災対策１~19条　定価（本体600円＋税）

著　者　金子　富夫

2019年１月17日　第１刷発行

発行所　近代消防社

発行者　三井　栄志

〒105－001　東京都港区虎ノ門２－９－16（日本消防会館内）

ＴＥＬ(03)3593－1401　ＦＡＸ(03)3593－1420

ＵＲＬ　http://www.ff-inc.co.jp　Ｅ－ｍａｉｌ　kinshou@ff-inc.co.jp

ISBN 978-4-421-00922-4　C0030　〈落丁・乱丁の場合は取替えます。〉